365 Thanks Diary

삶을 바꾸는 긍정 습관
365 감사일기

www.ncdmall.com

© 2016 NCD publishers
All rights reserved.

삶을 바꾸는 긍정 습관
365 감사일기

나의　　　번째 감사일기장

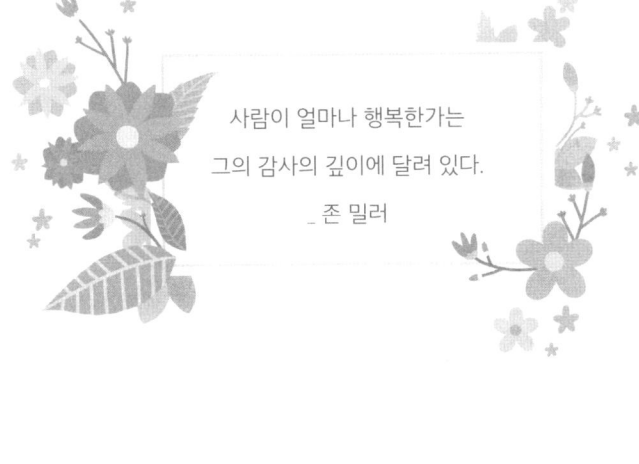

사람이 얼마나 행복한가는
그의 감사의 깊이에 달려 있다.
_ 존 밀러

date :　　　.　　.　　~　　.　　.

name :

노트 활용팁

date :　　00 . 00 . 00
today's thanks :

☐ 회사에서 맡은 프로젝트를 무사히 끝낸 것

☐ 부모님께 드릴 마음에 드는 선물을 산 것

☐ 친구와 미뤄오던 약속을 잡은 것

☐

☐

• 오늘 할 일 : 일주일치 장보기, 강아지 산책시키기, 다음 주 스케줄 확인하기

365 감사일기 활용법

1 감사는 삶을 긍정적으로 바꾸는 힘이 있습니다. 365 감사일기는 매일 감사한 일을 떠올리고 기록하는 습관을 들일 수 있도록 도와줄 거예요.

2 하나의 행동이 습관으로 자리 잡기 위해서는 시간이 필요합니다. 365 감사일기를 가지고 매일 감사한 일을 적다보면 감사하는 태도가 좋은 습관으로 자리 잡게 될 거예요.

3 가능하면 시간을 정해 하루를 정리하면서 감사일기를 적는 시간을 가지도록 합니다.

4 today's thanks란에 그날에 감사한 일을 생각해서 적습니다. 작고 사소한 감사도 좋고, 평소 감사한 일이라고 여기지 않고 무심코 지나갔던 일들 중에 감사한 일이 있는지도 곰곰이 생각해서 적어 봅니다.

5 메모란에는 오늘 할 일, 연락할 사람, 꼭 기억해야 할 사항 등 필요한 것을 자유롭게 적을 수 있습니다.

6 사랑하는 사람에게 감사일기를 선물하거나 함께 작성해서 나누는 것도 좋습니다.

7 365 감사일기로 감사로 가득하고 긍정 에너지가 넘치는 행복한 하루하루 되세요.

date :   .   .
today's thanks :

- [ ]
- [ ]
- [ ]
- [ ]
- [ ]

date :   .   .
today's thanks :

- [ ]
- [ ]
- [ ]
- [ ]
- [ ]

date :
today's thanks :

- [ ]
- [ ]
- [ ]
- [ ]
- [ ]

date :
today's thanks :

- [ ]
- [ ]
- [ ]
- [ ]
- [ ]

기쁨은 사물 안에 있지 않다. 그것은 우리 안에 있다. _리하르트 바그너

date :
today's thanks :

☐
☐
☐
☐
☐

date :
today's thanks :

☐
☐
☐
☐
☐

date :　　　　.　　　　.
today's thanks :

☐
....

☐
....

☐
....

☐
....

☐
....

date :　　　　.　　　　.
today's thanks :

☐
....

☐
....

☐
....

☐
....

☐
....

작은 변화가 일어날 때 진정한 삶을 살게 된다. _톨스토이

date :   .   .
today's thanks :

- [ ]
- [ ]
- [ ]
- [ ]
- [ ]

date :   .   .
today's thanks :

- [ ]
- [ ]
- [ ]
- [ ]
- [ ]

date :　　　.　　　.
today's thanks :

- [ ]
- [ ]
- [ ]
- [ ]
- [ ]

date :　　　.　　　.
today's thanks :

- [ ]
- [ ]
- [ ]
- [ ]
- [ ]

감사는 최고의 항암제요, 해독제요, 방부제다. _존 헨리

date :   .   .
today's thanks :

☐
☐
☐
☐
☐

date :   .   .
today's thanks :

☐
☐
☐
☐
☐

date :　　　　.　　　.
today's thanks :

☐
_____

☐
_____

☐
_____

☐
_____

☐
_____

date :　　　　.　　　.
today's thanks :

☐
_____

☐
_____

☐
_____

☐
_____

☐
_____

성공한 사람이 아니라 가치 있는 사람이 되려고 힘써라. _알버트 아인슈타인

date :
today's thanks :

- [ ]
- [ ]
- [ ]
- [ ]
- [ ]

date :
today's thanks :

- [ ]
- [ ]
- [ ]
- [ ]
- [ ]

date :
today's thanks :

-
-
-
-
-

date :
today's thanks :

-
-
-
-
-

웃지 않은 날만큼 헛된 날은 없다. _커밍스

date :   .   .
today's thanks :

- [ ]
- [ ]
- [ ]
- [ ]
- [ ]

date :   .   .
today's thanks :

- [ ]
- [ ]
- [ ]
- [ ]
- [ ]

date :
today's thanks :

- [ ]
- [ ]
- [ ]
- [ ]
- [ ]

date :
today's thanks :

- [ ]
- [ ]
- [ ]
- [ ]
- [ ]

방황과 변화를 사랑한다는 것은 살아 있다는 증거이다. _바그너

date :
today's thanks :

- [ ]
- [ ]
- [ ]
- [ ]
- [ ]

date :
today's thanks :

- [ ]
- [ ]
- [ ]
- [ ]
- [ ]

date : . .
today's thanks :

- [ ]
- [ ]
- [ ]
- [ ]
- [ ]

date : . .
today's thanks :

- [ ]
- [ ]
- [ ]
- [ ]
- [ ]

얼굴은 마음의 거울이며, 눈은 말없이 마음의 비밀을 고백한다. _성 제롬

date :
today's thanks :

- [ ]
- [ ]
- [ ]
- [ ]
- [ ]

date :
today's thanks :

- [ ]
- [ ]
- [ ]
- [ ]
- [ ]

date :　　　　．　　　．
today's thanks :

- [ ]
- [ ]
- [ ]
- [ ]
- [ ]

date :　　　　．　　　．
today's thanks :

- [ ]
- [ ]
- [ ]
- [ ]
- [ ]

고마움을 통해 인생은 풍요로워진다. _본회퍼

date :   .   .
today's thanks :

- [ ]
- [ ]
- [ ]
- [ ]
- [ ]

date :   .   .
today's thanks :

- [ ]
- [ ]
- [ ]
- [ ]
- [ ]

date :
today's thanks :

☐
☐
☐
☐
☐

date :
today's thanks :

☐
☐
☐
☐
☐

감사는 결코 졸업이 없는 과정이다. _발레리 앤더스

date :
today's thanks :

☐

☐

☐

☐

☐

date :
today's thanks :

☐

☐

☐

☐

☐

 Memo

입가에 웃음을 머금는 간단한 동작으로

안면근육이 풀어지고 뇌의 쾌락중추가 자극된다.

또한 각종 신경화학물질이 생성되어

감정과 관련된 생리적 현상을 만들어낸다.

따라서 웃기만 하면 본인의 의도와는 상관없이

자동적으로 행복하고 낙관적인 기분이 된다.

《완벽한 삶의 균형을 찾아라》 중에서

date :
today's thanks :

- [ ]
- [ ]
- [ ]
- [ ]
- [ ]

date :
today's thanks :

- [ ]
- [ ]
- [ ]
- [ ]
- [ ]

나는 감사할 줄 모르면서 행복한 사람을 한 번도 보지 못했다. _지그 지글러

date :   .   .
today's thanks :

- [ ]
- [ ]
- [ ]
- [ ]
- [ ]

date :   .   .
today's thanks :

- [ ]
- [ ]
- [ ]
- [ ]
- [ ]

date :
today's thanks :

-
-
-
-
-

date :
today's thanks :

-
-
-
-
-

쓰러지느냐 쓰러지지 않느냐가 중요한 것이 아니라 쓰러졌을 때 다시 일어나는 것이 중요하다. _빈스 롬바르디

date : . .
today's thanks :

- [ ]
- [ ]
- [ ]
- [ ]
- [ ]

date : . .
today's thanks :

- [ ]
- [ ]
- [ ]
- [ ]
- [ ]

date :
today's thanks :

- [ ]
- [ ]
- [ ]
- [ ]
- [ ]

date :
today's thanks :

- [ ]
- [ ]
- [ ]
- [ ]
- [ ]

행복은 바로 감사하는 마음이다. _조셉 우드 크루치

date :
today's thanks :

- [ ]
- [ ]
- [ ]
- [ ]
- [ ]

date :
today's thanks :

- [ ]
- [ ]
- [ ]
- [ ]
- [ ]

date :   .   .
today's thanks :

- [ ]
- [ ]
- [ ]
- [ ]
- [ ]

date :   .   .
today's thanks :

- [ ]
- [ ]
- [ ]
- [ ]
- [ ]

사랑스러운 눈을 갖고 싶다면 사람들에게서 좋은 점을 보라. _오드리 햅번

date :
today's thanks :

- [ ]
- [ ]
- [ ]
- [ ]
- [ ]

date :
today's thanks :

- [ ]
- [ ]
- [ ]
- [ ]
- [ ]

date : . .
today's thanks :

☐ ....
☐ ....
☐ ....
☐ ....
☐ ....

date : . .
today's thanks :

☐ ....
☐ ....
☐ ....
☐ ....
☐ ....

어둠을 저주하는 것 보다는 촛불을 밝히는 것이 더 낫다. _중국 속담

 date :
today's thanks :

- [ ]
- [ ]
- [ ]
- [ ]
- [ ]

 date :
today's thanks :

- [ ]
- [ ]
- [ ]
- [ ]
- [ ]

date :　　　.　　　.
today's thanks :

☐
☐
☐
☐
☐

date :　　　.　　　.
today's thanks :

☐
☐
☐
☐
☐

소금이 음식에 맛을 주는 것처럼 감사는 영적 생활의 소금이다. _스트라잇

date :
today's thanks :

☐
☐
☐
☐
☐

date :
today's thanks :

☐
☐
☐
☐
☐

date :

today's thanks :

- [ ]
- [ ]
- [ ]
- [ ]
- [ ]

date :

today's thanks :

- [ ]
- [ ]
- [ ]
- [ ]
- [ ]

가장 축복받는 사람이 되려면 가장 감사하는 사람이 되라. _C. 쿨리지

date :
today's thanks :

☐
☐
☐
☐
☐

date :
today's thanks :

☐
☐
☐
☐
☐

date :　　　　.　　　　.
today's thanks :

- [ ]
- [ ]
- [ ]
- [ ]
- [ ]

date :　　　　.　　　　.
today's thanks :

- [ ]
- [ ]
- [ ]
- [ ]
- [ ]

모자란다는 여백, 그 여백이 오히려 기쁨의 샘이 된다. _파스칼

date :
today's thanks :

- [ ]
- [ ]
- [ ]
- [ ]
- [ ]

date :
today's thanks :

- [ ]
- [ ]
- [ ]
- [ ]
- [ ]

date :
today's thanks :

☐

☐

☐

☐

☐

date :
today's thanks :

☐

☐

☐

☐

☐

내 생애 행복하지 않은 날은 단 하루도 없었다. _헬렌 켈러

date :
today's thanks :

☐
☐
☐
☐
☐

date :
today's thanks :

☐
☐
☐
☐
☐

date :
today's thanks :

- [ ]
- [ ]
- [ ]
- [ ]
- [ ]

date :
today's thanks :

- [ ]
- [ ]
- [ ]
- [ ]
- [ ]

인간은 자신이 얼마만큼 마음먹느냐에 따라 행복해진다. _에이브러햄 링컨

date :
today's thanks :

- [ ]
- [ ]
- [ ]
- [ ]
- [ ]

date :
today's thanks :

- [ ]
- [ ]
- [ ]
- [ ]
- [ ]

 Memo

잠재의식에서 스스로에게 가장 유익하다고 판단되는 행동이 습관으로 굳어진다.

따라서 의식적으로 유익한 습관을 들이기로 결심한다 해도

잠재의식에서 기존의 습관을 쉽게 포기하지 못한다.

습관이 생긴 '원인'을 없애는 방법을 찾거나

좀 더 마음에 드는 새로운 습관을 찾기 전에는 낡은 습관이 계속 나타난다.

《완벽한 삶의 균형을 찾아라》 중에서

date : . .
today's thanks :

- [ ]
- [ ]
- [ ]
- [ ]
- [ ]

date : . .
today's thanks :

- [ ]
- [ ]
- [ ]
- [ ]
- [ ]

진정한 성공은 무언가를 소유하는 것이 아니라 자기 자신을 극복하는 것이다. _올리버 크롬웰

date :

today's thanks :

- [ ]
- [ ]
- [ ]
- [ ]
- [ ]

date :

today's thanks :

- [ ]
- [ ]
- [ ]
- [ ]
- [ ]

date :
today's thanks :

- [ ]
- [ ]
- [ ]
- [ ]
- [ ]

date :
today's thanks :

- [ ]
- [ ]
- [ ]
- [ ]
- [ ]

인생은 서두르는 것 말고도 더 많은 것이 있다. _마하트마 간디

date :
today's thanks :

- [ ]
- [ ]
- [ ]
- [ ]
- [ ]

date :
today's thanks :

- [ ]
- [ ]
- [ ]
- [ ]
- [ ]

date :　　　.　　　.
today's thanks :

- [ ]
- [ ]
- [ ]
- [ ]
- [ ]

date :　　　.　　　.
today's thanks :

- [ ]
- [ ]
- [ ]
- [ ]
- [ ]

당신은 사랑할 줄 아는 가슴만 있으면 된다. 영혼은 사랑으로 성장하는 것이니까. _마틴 루터 킹

date :
today's thanks :

☐
☐
☐
☐
☐

date :
today's thanks :

☐
☐
☐
☐
☐

date :
today's thanks :

☐
☐
☐
☐
☐

date :
today's thanks :

☐
☐
☐
☐
☐

주어진 삶을 살아라. 삶은 멋진 선물이다. 삶에서 사소한 것은 아무것도 없다. _나이팅게일

date :   .   .
today's thanks :

☐
☐
☐
☐
☐

date :   .   .
today's thanks :

☐
☐
☐
☐
☐

date :
today's thanks :

- [ ]
- [ ]
- [ ]
- [ ]
- [ ]

date :
today's thanks :

- [ ]
- [ ]
- [ ]
- [ ]
- [ ]

작은 기회로부터 종종 위대한 업적이 시작된다. _데모스테네스

date :　　　　.　　　．
today's thanks :

☐
☐
☐
☐
☐

date :　　　　.　　　．
today's thanks :

☐
☐
☐
☐
☐

date :
today's thanks :

- [ ]
- [ ]
- [ ]
- [ ]
- [ ]

date :
today's thanks :

- [ ]
- [ ]
- [ ]
- [ ]
- [ ]

삶이 있는 한 희망은 있다. _키케로

date :
today's thanks :

- [ ]
- [ ]
- [ ]
- [ ]
- [ ]

date :
today's thanks :

- [ ]
- [ ]
- [ ]
- [ ]
- [ ]

date :
today's thanks :

- [ ]
- [ ]
- [ ]
- [ ]
- [ ]

date :
today's thanks :

- [ ]
- [ ]
- [ ]
- [ ]
- [ ]

세찬 겨울의 눈보라도 감사하지 않는 사람의 마음보다 모질지는 않다. _세익스피어

date :
today's thanks :

- [ ]
- [ ]
- [ ]
- [ ]
- [ ]

date :
today's thanks :

- [ ]
- [ ]
- [ ]
- [ ]
- [ ]

date :
today's thanks :

- [ ]
- [ ]
- [ ]
- [ ]
- [ ]

date :
today's thanks :

- [ ]
- [ ]
- [ ]
- [ ]
- [ ]

나는 단순히 존재한다는 사실만으로도 즐겁다는 것을 잊어 본 적이 없다. _캐서린 햅번

date :   .   .
today's thanks :

- [ ]
- [ ]
- [ ]
- [ ]
- [ ]

date :   .   .
today's thanks :

- [ ]
- [ ]
- [ ]
- [ ]
- [ ]

date :
today's thanks :

- [ ]
- [ ]
- [ ]
- [ ]
- [ ]

date :
today's thanks :

- [ ]
- [ ]
- [ ]
- [ ]
- [ ]

즐거움은 모든 덕의 어머니이다. _괴테

date :
today's thanks :

- [ ]
- [ ]
- [ ]
- [ ]
- [ ]

date :
today's thanks :

- [ ]
- [ ]
- [ ]
- [ ]
- [ ]

date :   .   .
today's thanks :

☐
☐
☐
☐
☐

date :   .   .
today's thanks :

☐
☐
☐
☐
☐

비관론자는 모든 기회 속에서 어려움을 찾아내고 낙관론자는 모든 어려움 속에서 기회를 찾아낸다. _윈스턴 처칠

date :
today's thanks :

- [ ]
- [ ]
- [ ]
- [ ]
- [ ]

date :
today's thanks :

- [ ]
- [ ]
- [ ]
- [ ]
- [ ]

 Memo

스스로를 사랑하고 존중하는 법을 터득하면

타인과의 관계가 엄청나게 향상된다.

나만의 공간을 소중히 여기면 타인의 공간도 소중하게 생각된다.

나를 있는 그대로 받아들이고 그 마음을 키우면,

다른 사람들도 있는 그대로 수용할 수 있다.

그리고 인간관계가 한결 풍성해질 것이다.

《몸의 지능》 중에서

date :
today's thanks :

☐
☐
☐
☐
☐

date :
today's thanks :

☐
☐
☐
☐
☐

진실한 기쁨은 슬픔을 통해 변화를 입은 것이다. _허나드

date :
today's thanks :

- [ ]
- [ ]
- [ ]
- [ ]
- [ ]

date :
today's thanks :

- [ ]
- [ ]
- [ ]
- [ ]
- [ ]

date :
today's thanks :

- [ ]
- [ ]
- [ ]
- [ ]
- [ ]

date :
today's thanks :

- [ ]
- [ ]
- [ ]
- [ ]
- [ ]

새로운 시간 속에는 새로운 마음을 담아야 한다. _아우구스티누스

date :   .   .
today's thanks :

☐
☐
☐
☐
☐

date :   .   .
today's thanks :

☐
☐
☐
☐
☐

date :
today's thanks :

- [ ]
- [ ]
- [ ]
- [ ]
- [ ]

date :
today's thanks :

- [ ]
- [ ]
- [ ]
- [ ]
- [ ]

가장 통달하기 힘든 셈은 우리에게 주어진 축복을 헤아리는 것이다. _에릭 호퍼

date :   .   .
today's thanks :

☐
☐
☐
☐
☐

date :   .   .
today's thanks :

☐
☐
☐
☐
☐

date :　　　　.　　　　.
today's thanks :

- [ ]
- [ ]
- [ ]
- [ ]
- [ ]

date :　　　　.　　　　.
today's thanks :

- [ ]
- [ ]
- [ ]
- [ ]
- [ ]

진정 필요한 것은 믿으려고 하는 의지가 아니라 깨닫고자 하는 소망이다. _버트런드 러셀

date :　　　　　.　　　　.
today's thanks :

☐
☐
☐
☐
☐

date :　　　　　.　　　　.
today's thanks :

☐
☐
☐
☐
☐

date :　　　　．　　　．
today's thanks :

- [ ]
- [ ]
- [ ]
- [ ]
- [ ]

date :　　　　．　　　．
today's thanks :

- [ ]
- [ ]
- [ ]
- [ ]
- [ ]

인생은 살 만한 가치가 있다고 믿으면, 그 믿음이 그것을 사실로 만들어 줄 것이다. _윌리엄 제임스

date :
today's thanks :

☐
☐
☐
☐
☐

date :
today's thanks :

☐
☐
☐
☐
☐

date :　　　　．　　　．
today's thanks :

-
-
-
-
-

date :　　　　．　　　．
today's thanks :

-
-
-
-
-

과거의 일부만 감사의 제목이 된다면 우리의 미래는 그만큼 온전해질 수 없다. _헨리 나우웬

date :
today's thanks :

- [ ]
- [ ]
- [ ]
- [ ]
- [ ]

date :
today's thanks :

- [ ]
- [ ]
- [ ]
- [ ]
- [ ]

date :　　　　．　　　．
today's thanks :

☐ _____

☐ _____

☐ _____

☐ _____

☐ _____

date :　　　　．　　　．
today's thanks :

☐ _____

☐ _____

☐ _____

☐ _____

☐ _____

그대가 매일 아침 눈을 떠 가장 먼저 해야 할 일은, 무사히 아침을 맞았음에 감사하는 일이다. _프랑스 격언

date :
today's thanks :

- [ ]
- [ ]
- [ ]
- [ ]
- [ ]

date :
today's thanks :

- [ ]
- [ ]
- [ ]
- [ ]
- [ ]

date :
today's thanks :

-
-
-
-
-

date :
today's thanks :

-
-
-
-
-

세상을 어떻게 바라볼지 유의하라 그것이 곧 당신의 세상이기 때문이다. 에리히 헬러

date :
today's thanks :

- [ ]
- [ ]
- [ ]
- [ ]
- [ ]

date :
today's thanks :

- [ ]
- [ ]
- [ ]
- [ ]
- [ ]

date :
today's thanks :

- [ ]
- [ ]
- [ ]
- [ ]
- [ ]

date :
today's thanks :

- [ ]
- [ ]
- [ ]
- [ ]
- [ ]

사람은 사랑을 해야 비로소 아이다움에서 탈피한다. _스탕달

date : . .
today's thanks :

☐
☐
☐
☐
☐

date : . .
today's thanks :

☐
☐
☐
☐
☐

date :
today's thanks :

-
-
-
-
-

date :
today's thanks :

-
-
-
-
-

인생은 가까이서 보면 비극이지만 멀리서 보면 희극이다. _찰리 채플린

date :   .   .
today's thanks :

☐
☐
☐
☐
☐

date :   .   .
today's thanks :

☐
☐
☐
☐
☐

 Memo

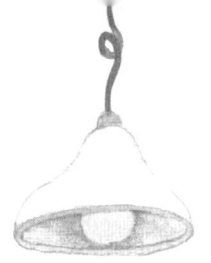

사랑은 얼마든지 간단하게 표현할 수 있다.

친절한 말 한 마디, 카드 한 장, 꽃 한 송이,

사랑을 담은 쪽지, 또는 소박한 미소로도 사랑은 전달된다.

내가 먼저 손을 뻗어야 한다. 명심하자.

사랑하면 사랑받게 되어 있다.

《몸의 지능》중에서

date :
today's thanks :

- [ ]
- [ ]
- [ ]
- [ ]
- [ ]

date :
today's thanks :

- [ ]
- [ ]
- [ ]
- [ ]
- [ ]

모두가 세상을 바꾸려 하지만 아무도 자신을 바꾸려고 하지는 않는다. _톨스토이

date :
today's thanks :

- [ ]
- [ ]
- [ ]
- [ ]
- [ ]

date :
today's thanks :

- [ ]
- [ ]
- [ ]
- [ ]
- [ ]

date : . .
today's thanks :

- [ ]
- [ ]
- [ ]
- [ ]
- [ ]

date : . .
today's thanks :

- [ ]
- [ ]
- [ ]
- [ ]
- [ ]

현재뿐 아니라 미래까지 걱정한다면 인생은 살 가치가 없을 것이다. _윌리엄 서머셋 모옴

date :
today's thanks :

- [ ]
- [ ]
- [ ]
- [ ]
- [ ]

date :
today's thanks :

- [ ]
- [ ]
- [ ]
- [ ]
- [ ]

date :　　　.　　　.
today's thanks :

☐
☐
☐
☐
☐

date :　　　.　　　.
today's thanks :

☐
☐
☐
☐
☐

나 자신을 사랑하면, 정체성의 힘을 얻는다. _데이비드G. 존스

date :
today's thanks :

- [ ]
- [ ]
- [ ]
- [ ]
- [ ]

date :
today's thanks :

- [ ]
- [ ]
- [ ]
- [ ]
- [ ]

date :　　　　.　　　.
today's thanks :

- [ ]
- [ ]
- [ ]
- [ ]
- [ ]

date :　　　　.　　　.
today's thanks :

- [ ]
- [ ]
- [ ]
- [ ]
- [ ]

사람은 나이를 먹는 것이 아니라 좋은 포도주처럼 익는 것이다. _웬델 필립스

date :   .   .
today's thanks :

- [ ]
- [ ]
- [ ]
- [ ]
- [ ]

date :   .   .
today's thanks :

- [ ]
- [ ]
- [ ]
- [ ]
- [ ]

date :
today's thanks :

- [ ]
- [ ]
- [ ]
- [ ]
- [ ]

date :
today's thanks :

- [ ]
- [ ]
- [ ]
- [ ]
- [ ]

아무것도 변하지 않을지라도 내가 변하면 모든 것이 변한다 _오노레 드 발자크

date :　　　　.　　　　.
today's thanks :

☐
☐
☐
☐
☐

date :　　　　.　　　　.
today's thanks :

☐
☐
☐
☐
☐

date :　　　　.　　　．
today's thanks :

☐
☐
☐
☐
☐

date :　　　　.　　　．
today's thanks :

☐
☐
☐
☐
☐

사랑을 한다는 것은 아름다운 천국을 살짝 엿보는 것과 같다. _카렌 선드

date :
today's thanks :

- [ ]
- [ ]
- [ ]
- [ ]
- [ ]

date :
today's thanks :

- [ ]
- [ ]
- [ ]
- [ ]
- [ ]

date :　　　．　　　．
today's thanks :

- [ ]　
- [ ]　
- [ ]　
- [ ]　
- [ ]　

date :　　　．　　　．
today's thanks :

- [ ]　
- [ ]　
- [ ]　
- [ ]　
- [ ]　

자기 자신에 대해 웃을 수 있는 사람은 남의 웃음을 사지 않는다. _탈무드

date :
today's thanks :

- [ ]
- [ ]
- [ ]
- [ ]
- [ ]

date :
today's thanks :

- [ ]
- [ ]
- [ ]
- [ ]
- [ ]

date :　　　.　　　.
today's thanks :

- [ ]
- [ ]
- [ ]
- [ ]
- [ ]

date :　　　.　　　.
today's thanks :

- [ ]
- [ ]
- [ ]
- [ ]
- [ ]

감사하는 마음은 가장 위대한 미덕일 뿐만 아니라 다른 모든 미덕의 근원이 된다. _키케로

date :
today's thanks :

- [ ]
- [ ]
- [ ]
- [ ]
- [ ]

date :
today's thanks :

- [ ]
- [ ]
- [ ]
- [ ]
- [ ]

date :   .   .
today's thanks :

- [ ]
- [ ]
- [ ]
- [ ]
- [ ]

date :   .   .
today's thanks :

- [ ]
- [ ]
- [ ]
- [ ]
- [ ]

추하든 아름답든 그것을 인정하는 것, 이 이상 든든한 출발이 어디 있으랴. _칼릴 지브란

date :
today's thanks :

- [ ]
- [ ]
- [ ]
- [ ]
- [ ]

date :
today's thanks :

- [ ]
- [ ]
- [ ]
- [ ]
- [ ]

date :　　　.　　　.
today's thanks :

- [ ]
- [ ]
- [ ]
- [ ]
- [ ]

date :　　　.　　　.
today's thanks :

- [ ]
- [ ]
- [ ]
- [ ]
- [ ]

감사에 보답하는 것보다 더 다급한 임무는 없다. _제임스 앨런

date :   .   .
today's thanks :

☐
☐
☐
☐
☐

date :   .   .
today's thanks :

☐
☐
☐
☐
☐

 Memo

돕고 싶다고 해서 섣불리 다가가 조언하거나

결정을 내려주는 것은 옳은 방법이 아니다.

도울 때는 아무것도 기대하지 말고 도와야 하며,

도움을 받아들일지의 여부는 상대방이 결정하는 것이다.

상대방이 나의 도움을 받을 준비가 되어 있는지

확인한 후 도와주도록 하자.

《몸의 지능》 중에서

date : . .
today's thanks :

☐
☐
☐
☐
☐

date : . .
today's thanks :

☐
☐
☐
☐
☐

행복은 입맞춤과 같다. 행복을 얻기 위해서는 누군가에게 행복을 주어야만 한다. _디어도어 루빈

date :
today's thanks :

- [ ]
- [ ]
- [ ]
- [ ]
- [ ]

date :
today's thanks :

- [ ]
- [ ]
- [ ]
- [ ]
- [ ]

date :
today's thanks :

- [ ]
- [ ]
- [ ]
- [ ]
- [ ]

date :
today's thanks :

- [ ]
- [ ]
- [ ]
- [ ]
- [ ]

의심으로 가득 찬 마음은 승리로의 여정에 집중할 수 없다. _아서 골든

date :
today's thanks :

- [ ]
- [ ]
- [ ]
- [ ]
- [ ]

date :
today's thanks :

- [ ]
- [ ]
- [ ]
- [ ]
- [ ]

date :   .   .
today's thanks :

☐ ....

☐ ....

☐ ....

☐ ....

☐ ....

date :   .   .
today's thanks :

☐ ....

☐ ....

☐ ....

☐ ....

☐ ....

모든 사람의 인생은 신에 의해 쓰인 한 편의 동화다. _안데르센

date : . .
today's thanks :

- [ ]
- [ ]
- [ ]
- [ ]
- [ ]

date : . .
today's thanks :

- [ ]
- [ ]
- [ ]
- [ ]
- [ ]

date :
today's thanks :

-
-
-
-
-

date :
today's thanks :

-
-
-
-
-

'할 수 없는 일'이 '할 수 있는 일'을 방해하게 하지 마라. _존 우든

date :
today's thanks :

- [ ]
- [ ]
- [ ]
- [ ]
- [ ]

date :
today's thanks :

- [ ]
- [ ]
- [ ]
- [ ]
- [ ]

date :　　　　.　　　　.
today's thanks :

- [ ]
- [ ]
- [ ]
- [ ]
- [ ]

date :　　　　.　　　　.
today's thanks :

- [ ]
- [ ]
- [ ]
- [ ]
- [ ]

따뜻한 미소는 친절함을 표현하는 세계적인 언어이다. _윌리엄 아서 워드

date : . .
today's thanks :

- [ ]
- [ ]
- [ ]
- [ ]
- [ ]

date : . .
today's thanks :

- [ ]
- [ ]
- [ ]
- [ ]
- [ ]

date :
today's thanks :

- [ ]
- [ ]
- [ ]
- [ ]
- [ ]

date :
today's thanks :

- [ ]
- [ ]
- [ ]
- [ ]
- [ ]

낮은 자신감은 계속 브레이크를 밟으며 운전하는 것과 같다. _맥스웰 말츠

date :
today's thanks :

☐
☐
☐
☐
☐

date :
today's thanks :

☐
☐
☐
☐
☐

date :　　　　.　　　　.
today's thanks :

- [ ]
- [ ]
- [ ]
- [ ]
- [ ]

date :　　　　.　　　　.
today's thanks :

- [ ]
- [ ]
- [ ]
- [ ]
- [ ]

미래를 위해 무엇을 해야 하는지는 알 수 없다. 그래서 인생은 멋진 것이다. _톨스토이

date :
today's thanks :

- [ ]
- [ ]
- [ ]
- [ ]
- [ ]

date :
today's thanks :

- [ ]
- [ ]
- [ ]
- [ ]
- [ ]

date :   .   .
today's thanks :

- [ ]
- [ ]
- [ ]
- [ ]
- [ ]

date :   .   .
today's thanks :

- [ ]
- [ ]
- [ ]
- [ ]
- [ ]

희망차게 여행하는 것이 목적지에 도착하는 것보다 좋다.   로버트 루이스 스티븐슨

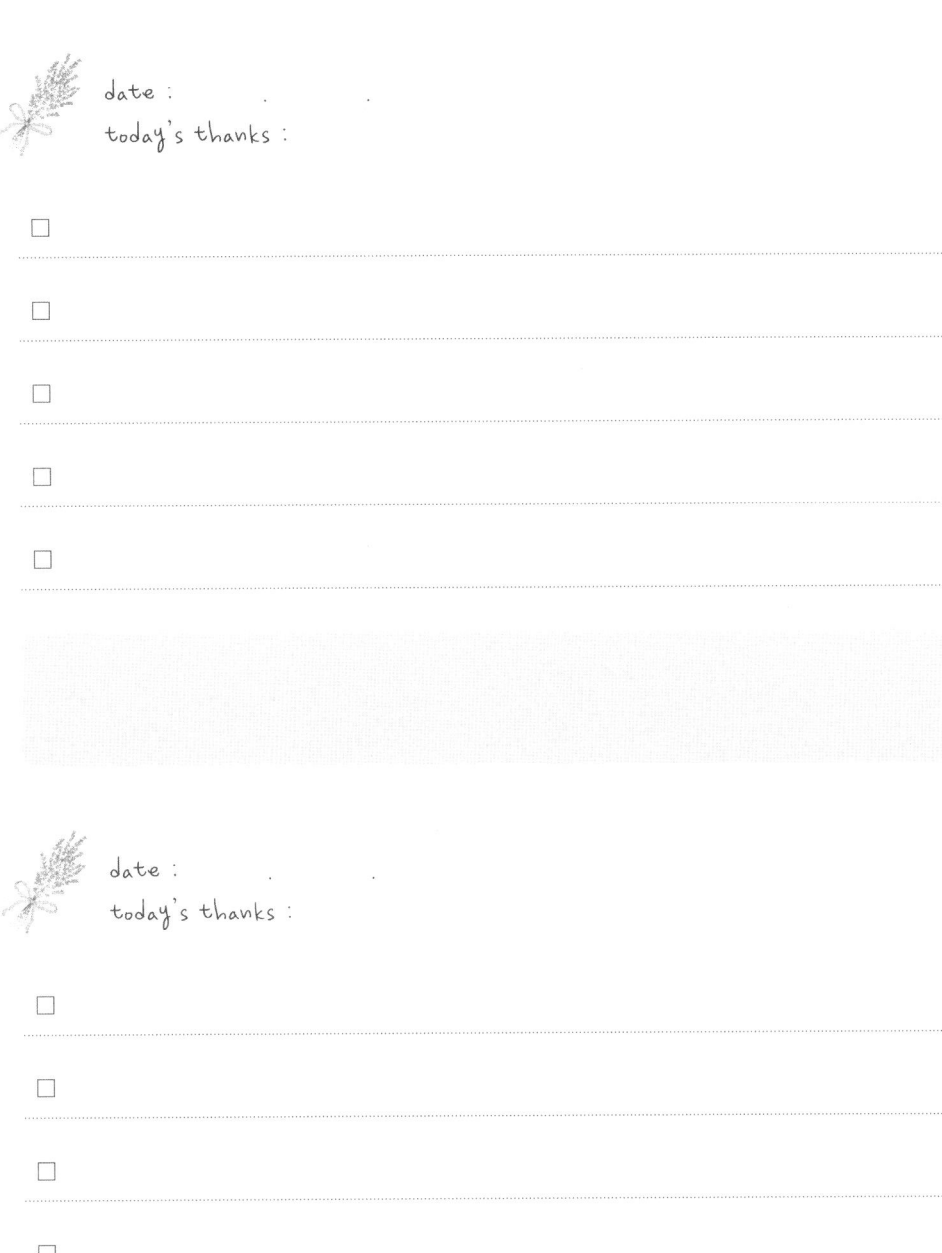

date :   .   .
today's thanks :

- [ ]
- [ ]
- [ ]
- [ ]
- [ ]

date :   .   .
today's thanks :

- [ ]
- [ ]
- [ ]
- [ ]
- [ ]

date :　　　　.　　　　.
today's thanks :

☐ ....
☐ ....
☐ ....
☐ ....
☐ ....

date :　　　　.　　　　.
today's thanks :

☐ ....
☐ ....
☐ ....
☐ ....
☐ ....

아침에 일어날 때마다 그날 해야 할 일이 있음에 감사하라. _킹슬리

date : . .
today's thanks :

- [ ]
- [ ]
- [ ]
- [ ]
- [ ]

date : . .
today's thanks :

- [ ]
- [ ]
- [ ]
- [ ]
- [ ]

date :
today's thanks :

☐ ....
☐ ....
☐ ....
☐ ....
☐ ....

date :
today's thanks :

☐ ....
☐ ....
☐ ....
☐ ....
☐ ....

밤은 별을 가져다주듯 슬픔은 진리를 깨우쳐 준다. _P. J 베일리

date : . .
today's thanks :

☐
☐
☐
☐
☐

date : . .
today's thanks :

☐
☐
☐
☐
☐

 Memo

살 형편이 되지 않으면 돈이 생길 때까지 그냥 잊어버려라.

빚이 늘면 그만큼 걱정거리가 쌓인다.

영감있는 상태에서는 삶이 평화롭지만

걱정이 늘면 이런 평화로운 삶이 점점 멀어진다.

빚을 갚기 위해 더 많은 일을 해야 한다면

지금 이 순간의 삶이 즐겁지 않을 것이다.

《인스퍼레이션》중에서

date :
today's thanks :

- [ ]
- [ ]
- [ ]
- [ ]
- [ ]

date :
today's thanks :

- [ ]
- [ ]
- [ ]
- [ ]
- [ ]

얼굴이 계속 햇빛을 향하도록 하라. 그러면 당신의 그림자를 볼 수 없다. _헬렌 켈러

date :

today's thanks :

☐

☐

☐

☐

☐

date :

today's thanks :

☐

☐

☐

☐

☐

date :   .   .
today's thanks :

☐ _____

☐ _____

☐ _____

☐ _____

☐ _____

date :   .   .
today's thanks :

☐ _____

☐ _____

☐ _____

☐ _____

☐ _____

감사는 위대한 교양의 결실이다. 야비한 사람은 그것을 발견할 수 없다. _사무엘 존슨

date :
today's thanks :

- [ ]
- [ ]
- [ ]
- [ ]
- [ ]

date :
today's thanks :

- [ ]
- [ ]
- [ ]
- [ ]
- [ ]

date :　　　．　　　．
today's thanks :

☐
☐
☐
☐
☐

date :　　　．　　　．
today's thanks :

☐
☐
☐
☐
☐

하루를 원망하며 사는 것보다는 하루를 감사히 받아들이는 것이 나에 대한 최선의 예의이다. _베티 스타

date : . .
today's thanks :

- [ ]
- [ ]
- [ ]
- [ ]
- [ ]

date : . .
today's thanks :

- [ ]
- [ ]
- [ ]
- [ ]
- [ ]

date :   .   .
today's thanks :

- [ ]
- [ ]
- [ ]
- [ ]
- [ ]

date :   .   .
today's thanks :

- [ ]
- [ ]
- [ ]
- [ ]
- [ ]

바람이 불지 않을 때 바람개비를 돌리는 방법은 앞으로 달려가는 것이다. _데일 카네기

date : .   .
today's thanks :

- [ ]
- [ ]
- [ ]
- [ ]
- [ ]

date : .   .
today's thanks :

- [ ]
- [ ]
- [ ]
- [ ]
- [ ]

date :
today's thanks :

- [ ]
- [ ]
- [ ]
- [ ]
- [ ]

date :
today's thanks :

- [ ]
- [ ]
- [ ]
- [ ]
- [ ]

행복에 대한 권리는 간단하다. 불만 때문에 자기를 학대하지 않으면, 삶은 즐거운 것이다. _러셀

date :
today's thanks :

- [ ]
- [ ]
- [ ]
- [ ]
- [ ]

date :
today's thanks :

- [ ]
- [ ]
- [ ]
- [ ]
- [ ]

date :
today's thanks :

- [ ]
- [ ]
- [ ]
- [ ]
- [ ]

date :
today's thanks :

- [ ]
- [ ]
- [ ]
- [ ]
- [ ]

행복은 장소가 아니라 방향이다. _시드니 해리스

date :   .   .
today's thanks :

- [ ]
- [ ]
- [ ]
- [ ]
- [ ]

date :   .   .
today's thanks :

- [ ]
- [ ]
- [ ]
- [ ]
- [ ]

date :
today's thanks :

☐
☐
☐
☐
☐

date :
today's thanks :

☐
☐
☐
☐
☐

성공이란 열정을 잃지 않고 실패를 거듭 할 수 있는 능력이다. _윈스턴 처칠

date :   .   .
today's thanks :

- [ ]
- [ ]
- [ ]
- [ ]
- [ ]

date :   .   .
today's thanks :

- [ ]
- [ ]
- [ ]
- [ ]
- [ ]

date :　　　　.　　　.
today's thanks :

- [ ]
- [ ]
- [ ]
- [ ]
- [ ]

date :　　　　.　　　.
today's thanks :

- [ ]
- [ ]
- [ ]
- [ ]
- [ ]

할 수 있다 말하다 보면 결국 실천하게 된다. _사이먼 쿠퍼

date :
today's thanks :

- [ ]
- [ ]
- [ ]
- [ ]
- [ ]

date :
today's thanks :

- [ ]
- [ ]
- [ ]
- [ ]
- [ ]

date :
today's thanks :

- [ ]
- [ ]
- [ ]
- [ ]
- [ ]

date :
today's thanks :

- [ ]
- [ ]
- [ ]
- [ ]
- [ ]

추위에 떨어본 사람이라야 태양의 따스함을 진실로 느낀다. _월트 휘트먼

date :
today's thanks :

- [ ]
- [ ]
- [ ]
- [ ]
- [ ]

date :
today's thanks :

- [ ]
- [ ]
- [ ]
- [ ]
- [ ]

date :   .   .
today's thanks :

- [ ]
- [ ]
- [ ]
- [ ]
- [ ]

date :   .   .
today's thanks :

- [ ]
- [ ]
- [ ]
- [ ]
- [ ]

모든 예술의 본질은 기쁨을 나누는 데서 오는 기쁨이다. _데일 카네기

date :
today's thanks :

- [ ]
- [ ]
- [ ]
- [ ]
- [ ]

date :
today's thanks :

- [ ]
- [ ]
- [ ]
- [ ]
- [ ]

 Memo

같은 생각을 하면서 단순한 삶 속의 영감을 추구하는 사람과 어울려라.

결점을 찾아내고 대립적 태도를 보이는 사람들에게는 말없는 축복을 내리고,

그들의 에너지가 우리에게 전달되지 못하도록 가능한 한 빨리 멀리 보내라.

《인스퍼레이션》 중에서

date : . .
today's thanks :

☐ ....

☐ ....

☐ ....

☐ ....

☐ ....

date : . .
today's thanks :

☐ ....

☐ ....

☐ ....

☐ ....

☐ ....

바로 그날을 충실하게 즐기는 사람이 잘 사는 사람이다. _에머슨

date : . .
today's thanks :

- [ ]
- [ ]
- [ ]
- [ ]
- [ ]

date : . .
today's thanks :

- [ ]
- [ ]
- [ ]
- [ ]
- [ ]

date :　　　.　　　.
today's thanks :

☐ _____
☐ _____
☐ _____
☐ _____
☐ _____

date :　　　.　　　.
today's thanks :

☐ _____
☐ _____
☐ _____
☐ _____
☐ _____

인생은 자전거를 타는 것과 같다. 균형을 잡으려면 움직여야 한다. _아인슈타인

date :   .   .
today's thanks :

- [ ]
- [ ]
- [ ]
- [ ]
- [ ]

date :   .   .
today's thanks :

- [ ]
- [ ]
- [ ]
- [ ]
- [ ]

date :　　　．　　　．
today's thanks :

- [ ]
- [ ]
- [ ]
- [ ]
- [ ]

date :　　　．　　　．
today's thanks :

- [ ]
- [ ]
- [ ]
- [ ]
- [ ]

의인은 향나무처럼 자기를 찍는 도끼에도 향기를 묻힌다. _루오

date :　　　．　　　．
today's thanks :

- [ ]
- [ ]
- [ ]
- [ ]
- [ ]

date :　　　．　　　．
today's thanks :

- [ ]
- [ ]
- [ ]
- [ ]
- [ ]

date :   .   .
today's thanks :

- [ ]
- [ ]
- [ ]
- [ ]
- [ ]

date :   .   .
today's thanks :

- [ ]
- [ ]
- [ ]
- [ ]
- [ ]

언제나 현재에 집중할 수 있다면 행복할 것이다. _파울로 코엘료

date :   .   .
today's thanks :

☐
☐
☐
☐
☐

date :   .   .
today's thanks :

☐
☐
☐
☐
☐

date :
today's thanks :

- [ ]
- [ ]
- [ ]
- [ ]
- [ ]

date :
today's thanks :

- [ ]
- [ ]
- [ ]
- [ ]
- [ ]

포기하지 말라. 저 모퉁이만 돌면 희망이란 녀석이 기다리고 있을지도 모른다. _사이토 시게타

date :
today's thanks :

- [ ]
- [ ]
- [ ]
- [ ]
- [ ]

date :
today's thanks :

- [ ]
- [ ]
- [ ]
- [ ]
- [ ]

date :　　　　.　　　　.
today's thanks :

☐

☐

☐

☐

☐

date :　　　　.　　　　.
today's thanks :

☐

☐

☐

☐

☐

행복한 마음이 꽉 찬 지갑보다 낫다. _이탈리아 속담

date : . .
today's thanks :

☐
☐
☐
☐
☐

date : . .
today's thanks :

☐
☐
☐
☐
☐

date :   .   .
today's thanks :

☐
☐
☐
☐
☐

date :   .   .
today's thanks :

☐
☐
☐
☐
☐

남을 복되게 하면 자신이 행복해진다. _글라임

date :　　　　.　　　　.
today's thanks :

- [ ]
- [ ]
- [ ]
- [ ]
- [ ]

date :　　　　.　　　　.
today's thanks :

- [ ]
- [ ]
- [ ]
- [ ]
- [ ]

date : . .
today's thanks :

☐
☐
☐
☐
☐

date : . .
today's thanks :

☐
☐
☐
☐
☐

행복은 소유에 있지 않고 존재에 있다. _에리히 프롬

date :
today's thanks :

- [ ]
- [ ]
- [ ]
- [ ]
- [ ]

date :
today's thanks :

- [ ]
- [ ]
- [ ]
- [ ]
- [ ]

date :　　　.　　　.
today's thanks :

- [ ]
- [ ]
- [ ]
- [ ]
- [ ]

date :　　　.　　　.
today's thanks :

- [ ]
- [ ]
- [ ]
- [ ]
- [ ]

성공이란 넘어지는 횟수보다 한 번 더 일어나는 것이다. _올리버골드 스미스

date :
today's thanks :

- [ ]
- [ ]
- [ ]
- [ ]
- [ ]

date :
today's thanks :

- [ ]
- [ ]
- [ ]
- [ ]
- [ ]

date :
today's thanks :

- [ ]
- [ ]
- [ ]
- [ ]
- [ ]

date :
today's thanks :

- [ ]
- [ ]
- [ ]
- [ ]
- [ ]

연탄재 함부로 발로 차지마라, 너는 누구에게 한번이라도 뜨거운 사람이었느냐? _안도현

date :
today's thanks :

☐
☐
☐
☐
☐

date :
today's thanks :

☐
☐
☐
☐
☐

 Memo

스스로를 너그럽게 대하고 용서하라.

어떤 수치심이든 모두 버리고 어떠한 자기 부정도 하지 마라.

그 대신 톨스토이의 말에서 깨달음을 얻어라.

"가장 어렵지만 본질적인 것은 삶을 사랑하는 것,

괴로울 때도 삶을 사랑하는 것이다.…삶을 사랑하는 것이 곧 신을 사랑하는 것이다."

그러므로 삶의 모든 순간을 사랑하라.

특히 실수로 가득한 우리의 과거를 사랑하라.

《인스퍼레이션》 중에서

date :   .   .
today's thanks :

- [ ]
- [ ]
- [ ]
- [ ]
- [ ]

date :   .   .
today's thanks :

- [ ]
- [ ]
- [ ]
- [ ]
- [ ]

내일 세계 종말이 올지라도 나는 오늘 한 그로의 사과나무를 심겠다. _스피노자

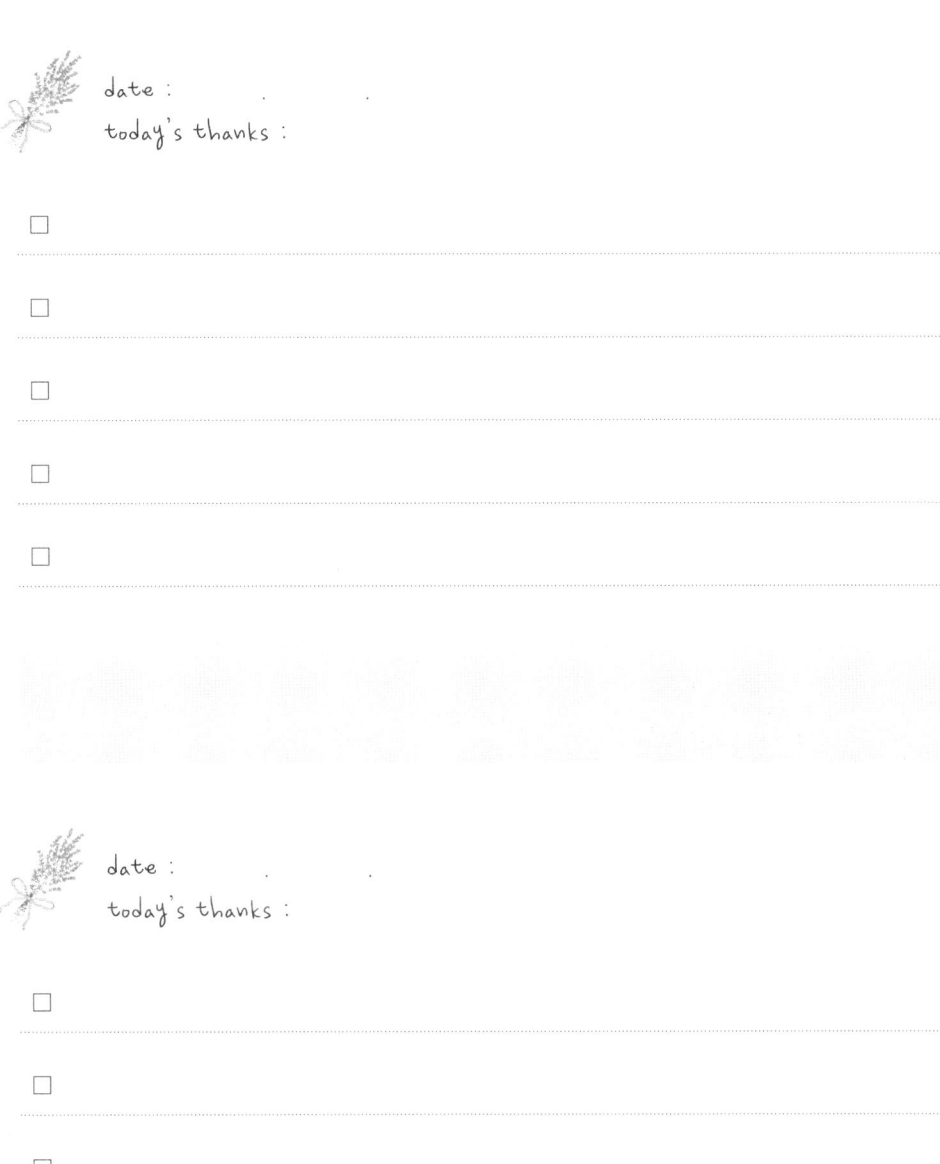

date :　　　　.　　　　.
today's thanks :

- [ ]
- [ ]
- [ ]
- [ ]
- [ ]

date :　　　　.　　　　.
today's thanks :

- [ ]
- [ ]
- [ ]
- [ ]
- [ ]

date :
today's thanks :

- [ ]
- [ ]
- [ ]
- [ ]
- [ ]

date :
today's thanks :

- [ ]
- [ ]
- [ ]
- [ ]
- [ ]

최악의 불행이 찾아오면 최선의 가능성도 함께 온다. _맥사인 슈널

date :   .   .
today's thanks :

- [ ]
- [ ]
- [ ]
- [ ]
- [ ]

date :   .   .
today's thanks :

- [ ]
- [ ]
- [ ]
- [ ]
- [ ]

date :　　　　.　　　　.
today's thanks :

☐ _____

☐ _____

☐ _____

☐ _____

☐ _____

date :　　　　.　　　　.
today's thanks :

☐ _____

☐ _____

☐ _____

☐ _____

☐ _____

자기의 가능성을 실현할 수 있는 인간은 행복한 사람이다. _로버트 레슬리

date : . .
today's thanks :

- [ ]
- [ ]
- [ ]
- [ ]
- [ ]

date : . .
today's thanks :

- [ ]
- [ ]
- [ ]
- [ ]
- [ ]

date :　　　　.　　　　.
today's thanks :

- [ ]
- [ ]
- [ ]
- [ ]
- [ ]

date :　　　　.　　　　.
today's thanks :

- [ ]
- [ ]
- [ ]
- [ ]
- [ ]

젊음이란 불만은 있어도 비관은 없어야 한다. _노신

date : . .
today's thanks :

- [ ]
- [ ]
- [ ]
- [ ]
- [ ]

date : . .
today's thanks :

- [ ]
- [ ]
- [ ]
- [ ]
- [ ]

date :
today's thanks :

-
-
-
-
-

date :
today's thanks :

-
-
-
-
-

웃음은 그 자체로 건강하다. _도리스 레싱

date :　　　　.　　　.
today's thanks :

- [ ]
- [ ]
- [ ]
- [ ]
- [ ]

date :　　　　.　　　.
today's thanks :

- [ ]
- [ ]
- [ ]
- [ ]
- [ ]

date :
today's thanks :

☐
☐
☐
☐
☐

date :
today's thanks :

☐
☐
☐
☐
☐

만족하는 사람은 언제나 부자다. _서양 속담

date : . .
today's thanks :

- [ ]
- [ ]
- [ ]
- [ ]
- [ ]

date : . .
today's thanks :

- [ ]
- [ ]
- [ ]
- [ ]
- [ ]

date :　　　.　　　.
today's thanks :

- ☐
- ☐
- ☐
- ☐
- ☐

date :　　　.　　　.
today's thanks :

- ☐
- ☐
- ☐
- ☐
- ☐

인생을 뒤돌아보면 진정한 삶의 순간은 사랑하는 마음으로 행했던 때 였음을 알게 될 것이다.　헨리 드러먼드

date : . .
today's thanks :

☐
☐
☐
☐
☐

date : . .
today's thanks :

☐
☐
☐
☐
☐

date :　　　　.　　　　.
today's thanks :

☐ ....
☐ ....
☐ ....
☐ ....
☐ ....

date :　　　　.　　　　.
today's thanks :

☐ ....
☐ ....
☐ ....
☐ ....
☐ ....

모범을 보이는 것은 다른 사람에게 영향을 미치는 가장 좋은 방법이 아니다. 유일한 방법이다. _알버트 슈바이처

date :　　　．　　　．
today's thanks :

- [ ]
- [ ]
- [ ]
- [ ]
- [ ]

date :　　　．　　　．
today's thanks :

- [ ]
- [ ]
- [ ]
- [ ]
- [ ]

date : . .
today's thanks :

- [ ] ....
- [ ] ....
- [ ] ....
- [ ] ....
- [ ] ....

date : . .
today's thanks :

- [ ] ....
- [ ] ....
- [ ] ....
- [ ] ....
- [ ] ....

모든 것을 계획할 필요는 없다. 때로 그냥 숨 쉬고, 믿고, 내버려두고, 어떤 일이 생기는지 보라. _맨디 헤일

date :   .   .
today's thanks :

- [ ]
- [ ]
- [ ]
- [ ]
- [ ]

date :   .   .
today's thanks :

- [ ]
- [ ]
- [ ]
- [ ]
- [ ]

date :　　　.　　　.
today's thanks :

☐
☐
☐
☐
☐

date :　　　.　　　.
today's thanks :

☐
☐
☐
☐
☐

누군가를 진실로 사랑한다면 반드시 당신의 마음이 깨질 수밖에 없다. _C. S 루이스

date :
today's thanks :

- [ ]
- [ ]
- [ ]
- [ ]
- [ ]

date :
today's thanks :

- [ ]
- [ ]
- [ ]
- [ ]
- [ ]

date :　　　　.　　　　.
today's thanks :

☐
☐
☐
☐
☐

date :　　　　.　　　　.
today's thanks :

☐
☐
☐
☐
☐

지성은 하나의 눈을 가지고 있으나 사랑은 천 개의 눈을 가지고 있다. _토마스 아퀴나스

date :
today's thanks :

- [ ]
- [ ]
- [ ]
- [ ]
- [ ]

date :
today's thanks :

- [ ]
- [ ]
- [ ]
- [ ]
- [ ]

date :　　　　.　　　　.
today's thanks :

-
-
-
-
-

date :　　　　.　　　　.
today's thanks :

-
-
-
-
-

이 세상은 한 편의 아름다운 책이다. 그러나 그 책을 읽지 않으면 아무 쓸모가 없게 된다. _골드니이

date :
today's thanks :

- [ ]
- [ ]
- [ ]
- [ ]
- [ ]

date :
today's thanks :

- [ ]
- [ ]
- [ ]
- [ ]
- [ ]

date :   .   .
today's thanks :

- [ ]
- [ ]
- [ ]
- [ ]
- [ ]

date :   .   .
today's thanks :

- [ ]
- [ ]
- [ ]
- [ ]
- [ ]

어리석은 자는 멀리서 행복을 찾고 현명한 자는 자신의 발치에서 행복을 키워 간다. _제임스 오펜하임

date :
today's thanks :

- [ ]
- [ ]
- [ ]
- [ ]
- [ ]

date :
today's thanks :

- [ ]
- [ ]
- [ ]
- [ ]
- [ ]

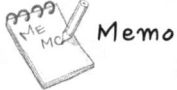 Memo